DIE

ADONISKLAGE

UND DAS

LINOSLIED

VON

DR HEINRICH BRUGSCH.

(Vorlesung gehalten am 28. Februar im wissenschaftlichen
Verein in der Königl. Singakademie zu Berlin.)

Mit einer lithographirten Tafel.

BERLIN.

FERD. DÜMMLER'S VERLAGSBUCHHANDLUNG.

1852.

DIE

ADONISKLAGE

UND DAS

LINOSLIED

VON

Dr HEINRICH BRUGSCH.

Wenn uns Lessing in seiner berühmten Abhandlung über Laocoon[1] die treffende Bemerkung über die Götter Homer's hinterlassen hat, daſs dieselben nach ihren Thaten Geschöpfe höherer Art, nach ihren Empfindungen wahre Menschen seien; so hat er ein Urtheil gefällt, welches für das Verständniſs jener erhabenen, göttlichen Gestalten im Alterthum (nicht nur derer, welche auf dem klassischen Boden Griechenland's entstanden, sondern auch derjenigen, welche die Geburten einer glühenden orientalischen Phantasie sind) eine werthvolle und weitumfassende Bedeutung hat. Jene bald heiteren und fröhlichen, bald düsteren und schrecklichen Gebilde, mit denen in sinniger Auffassung und in Verkörperung einer tiefen und doch natürlichen Idee das Alterthum seine Götterwelt bevölkerte, sie blicken uns noch immer wie schöne Traumgebilde einer lieben Jugendzeit an; aber nicht etwa darum, weil ihre Thaten, ihre Stellung, ihre Bildung oder gar ihre Abstammung und ihr Namen sich in unserer Erinnerung ein dauerndes Denkmal gesetzt hätte, nein, vielmehr darum, weil die Lebenswärme menschlicher Empfindung diese Gebilde erfüllt, welche ihre Handlungen leitet, welche sie froh und leidvoll, glücklich und unglücklich sein läſst. Sie empfinden und fühlen menschlich mit uns, und wir mit ihnen; das ist es, was sie uns näher stellt, unsere Theilnahme für sie

1

erweckt, was uns rührt und die Schönheit eines Mythos bewunderungswürdig erscheinen läſst.

Und solcher Art ist die heilige Sage, welche ich zum Gegenstande des heutigen Vortrages ausgewählt habe, eine Sage schön wie die kyprische Göttin selbst, welche die strahlende Herrlichkeit des Olympos ablegte und zu dem geliebten Jüngling Adonis niederstieg, um den bittern Kelch des Schmerzes und der Wehmuth eines erdgeborenen, unglücklich liebenden Weibes bis zum letzten Tropfen zu leeren.

Alljährlich wann die bunten Kinder des Frühlings den Tribut ihrer vergänglichen Schönheit der Natur zollten[2] oder wann die gereifte Frucht ihr schweres Haupt der mütterlichen Erde zuneigte und die winterliche Sonne ihre Bahnen zu durchlaufen begann,[3] da sah man im Alterthum an vielen Orten[4] die Zurüstungen zu Todtenfeiern, da hörte man Sterbelieder und wehmutherregende Klagegesänge aus dem Munde trauernder Frauen und Jungfrauen. Das war das Leichenfest und die bittere Klage um den Tod eines schönen Jünglings, der laut bejammert wurde, da hieſs es Adonis ist auf dem Gebirge von dem schrecklichen Eber des Mars getödtet und der liebenden Gattin Aphrodite in der Blüthe seiner Jugend entrissen worden.[5] So wurde der dahingeschiedene schönere Theil des Jahres unter dem ächt orientalischen Bilde eines blühenden, der liebenden Braut früh durch den Tod entrissenen Jünglings, besonders von dem zarten, für das Gefühl der Freude und des Schmerzes empfänglicheren Theile des Menschengeschlechtes, den Frauen und Jungfrauen, mit allen Zeichen schmerzlichen Jammers geklagt und betrauert, freilich nicht ganz ohne fröhliche Hoffnung auf ein baldiges Wiedersehn.

Dieses allgemein verbreitete Trauerfest, welches mit gewissen Mysterien in Verbindung stand,[6] wurde ~~auſserdem~~ nicht ohne Anspielung auf die eigene Hinfälligkeit des menschlichen Daseins begangen. Sagt doch schon der hei-

lige Sängerkönig in dem Buche der Psalmen „ein Mensch
ist in seinem Leben wie Gras, er blühet wie eine Blume
auf dem Felde. Wenn der Wind darübergeht, so ist sie
nimmer da, und ihre Stätte kennt sie nicht mehr. "[7] Und
in einem gleichen Bilde ruft der Apostel Petrus den er-
wählten Fremdlingen zu: „denn alles Fleisch ist wie Gras,
und alle Herrlichkeit der Menschen wie des Grases Blume.
Das Gras ist verdorret und die Blume abgefallen.[8]

Aber ehe in der Stadt der sieggekrönten Athene der
gestorbene Adonis in schönen Hymnen von athenischer
Frauen und Jungfrauen Chor geklaget ward, hatte schon
längst des Libanons vielbesungene Waldung die Trauertöne
um den Tod des schönen Adonis aus dem Munde phönizi-
scher Weiber vernommen und in tausendfachem Echo die
schmerzlichen Laute Ai! Ai! wiedertönen lassen. Hier und
in der Umgegend wurde der vielnamige Adonis als Gott
Baal[9] in der ihm heiligen Stadt Byblos[10] verehrt, hier war
sein Dienst gemeinschaftlich in dem Tempel der Aphrodite,[11] welche als phönizische Göttin die Namen Baaltis und
Astarte führte.[12] Nach dem Berichte eines Augenzeugen
stand das Bildniſs dieser Göttin auf dem Libanon, mit ver-
hülltem Haupte, traurigen Ansehens, sie stützte das Antlitz
mit der linken Hand innerhalb des Gewandes, und wenn
man sie anschaute, da hätte man meinen sollen, sie ver-
gieſse Thränen.[13]

Sobald in Syrien die Zeit gekommen war, daſs sich
die Gewässer des Flusses Adonis auf dem Libanon durch
die anhaltenden Regengüsse, welche nach der Obstlese im
Herbst einzutreten pflegen, die rothe Erde an den Ufern
und den Quellen des Flusses ausspülten und ihre Blutfarbe
an der Mündung auch den Meeresfluthen mittheilten, da
hieſs es in Byblos: Adonis ist auf dem Gebirge getödtet,
der verderbliche Zahn des Ebers hat ihn dahingestreckt.[14]
Diesen Zeitpunkt nannte man das Verschwinden des Ado-

nis [15] und mit ihm begann das Trauerfest. Wie einst Aphro-
dite-Astarte mit ungeflochtenem Haare, unbeschuht, in
trauernder Gestalt nach dem geliebten Jüngling ihre Jam-
merrufe erschallen ließ,[16] so suchten die Weiber in einem
gleichem Aufzuge den gestorbenen Adonis in der Gestalt eines Holzbildchen,[17] welches in den sogenannten
Adonisgärtchen verborgen war, deren merkwürdige Spuren
sich noch heut zu Tage an dem Erme-Feste in Sardinien
nachweisen lassen.[18] Diese Adonisgärtchen waren irdene
Gefäße,[19] angefüllt mit Erde, worin man in der treibenden
Gluth der Sonne (nicht aber auf dem Wege künstlicher
Wärme,[20] wie einige unter den Neueren meinen) leicht kei-
mende Pflanzen mit einfarbigen Blumen wie Gerste, Weizen,
Fenchel, vor allem aber das manneskraftraubende Todten-
kraut des Lattich [21] in dem Zeitraume von acht Tagen em-
porschießen und dann hinwelken und absterben ließ, zu
einem sinnigen Bilde der Hinfälligkeit des kurzen menschlichen Lebens, und zu einem Symbole leicht schwindender
Hoffnung und des Eitlen und Nichtigen irdischer Dinge.[22]

Wär das Bildchen, das Adonion, wie die Alten es
nannten, aufgefunden, so begann der Tag der Bitterkeit,
die Todtenklage, wie man sie nur immer um einen geliebten
Verstorbenen anzustellen pflegte.[23] Mit allen herzlichen
und erkünstelten Zeichen tiefster Trauer und heftigsten
Schmerzes jammerten Klagefrauen laut auf, rauften ihr Haar
und zerschlugen sich die Brust. Darauf wurde das Lei-
chenbild des Adonis mit Wasser gereinigt, mit Spezereien
gesalbt und mit Leinen oder Wolle umwickelt, wie man
einem wirklichen Todten gethan hätte. Nachdem darauf
das Adonion in eine Todtenlade gelegt war, stellte man
dieselbe auf einer Leichenbahre aus, umgeben von Opfern,
unter denen Blumen und Früchte die erste Stelle einnah-
men, wobei man die Wunde an der Seite und den Mörder
des Verstorbenen in effigie zeigte.[24] Die Frauen und Jung-

frauen nahmen darauf neben der Bahre ihren Platz, zerrissen ihre Gewänder und heulten und schrieen auf herzerbarmende Weise. Trauermahlzeiten und Trauertänze beschlossen diese Feier, welche ganz zuletzt damit endete, daſs man unter Absingung von Trauergesängen, welche von dem Klagetone der syrischen Flöte begleitet waren, den vermeintlichen Todten mit groſsem Pompe bestattete. Nach der allgemeinen und schon von den ältesten Zeiten herrührenden Sitte des Orients einen Todten zu klagen und zu bestatten, dauerte diese Todtenfeier sieben Tage lang.[25] Am achten Tage brach alles in Jubel und Frohlocken aus, man rief: „Adonis lebt, er ist aufgefahren!"[26] und es folgte auf die allgemeinen Trauertage ein Tag der Freude.

Eine merkwürdige Erinnerung an die siebentägige Trauerzeit, — aber ich sage es mit Bedacht nichts weiter als diese — hat sich in dem Ritus der katholischen Kirche bis auf den heutigen Tag erhalten. Die Trauer um den gestorbenen Herrn und Heiland dauert eine ganze Woche, die heilige genannt, und die Feier, in welcher am Tage des Gedächtnisses Christi das Bild des Herrn in's Grab gelegt wird, entwickelt eine ungewöhnliche Pracht.

Von Phönizien aus verbreitete sich dieses so eigenthümliche Fest weit landeinwärts. Selbst in dem auserwählten Gottesvolke der Hebräer gab es Abtrünnige genug, welche den Adonis unter dem Namen Thamuz oder ~~Thamus beklagten~~, einem Namen, welcher sich noch heut zu Tage im jüdischen Kalender als Name des vierten Monats des Jahres erhalten hat.[27] So erzählt der Prophet Ezechiel im achten Kapitel: „Und er führete mich hinein zum Thor an des Herrn Hause, das gegen Mitternacht stehet, und siehe! daselbst saſsen Weiber, die weineten über den Tamus." Mit tiefem und gerechten Schmerze berichtet Hieronymus: „Bethlehem jetzt das unsere und der ehrwürdigste Ort des Erdkreises . . . beschattete der Hain des Thammus,

d. i. des Adonis und in der Grotte, wo einst das Christus-
kindlein weinete, wurde der Liebhaber der Venus geklagt."[28]
Auch im Buche Baruch findet sich eine merkwürdige Stelle,
aus welcher hervorgeht, daſs der Verfasser in seiner Warnung
vor Abgötterei das Fest des Thamus oder Adonis vor Augen
gehabt habe. „Und woher sollen sie Götter heiſsen? —
ruft er aus, denn die Weiber pflegen der silbernen, golde-
nen und hölzernen Götzen. Und die Priester sitzen in ihren
Tempeln mit weiten Chorröcken, scheeren den Bart ab,
tragen Platten, sitzen da mit bloſsen Köpfen, heulen und
schreien vor ihren Götzen, wie man pflegt in der Todten
Begängnissen." [29]

In der Richtung der phönizischen Kolonien gewann der
Kult des Adonis neue Tempel und neue Verehrer auf der
Venus-Insel Kypros oder Cypern. Dort war in Amathus,
einer uralten Stadt der Insel, eines der bedeutendsten Hei-
ligthümer des Adonis gemeinschaftlich mit dem der Venus
Amathusia;[30] der kyprische Monat Adonis hieſs nach dem
Gotte und Tauben fielen ihm als traurige Todtenopfer.
Diese Thiere wurden lebendig auf den Scheiterhaufen ge-
legt, auf welchem das Bild des Adonis verbrannt wurde.[31]

Da von Kypros aus der Kult des Adonis nach dem
Peloponnes und namentlich nach Argos wanderte, so sahen
die Griechen diese Insel als sein Geburtsland an. Das sinnige, tief bedeutungsvolle Fest fand bei dem griechischen
Schönheitssinne einen leichten Eingang und wurde hier
nicht nur in vielen Städten wie in Athen um die Zeit der
Monate April, Mai[32] als ein schmerzliches Trauerfest ganz
nach der orientalischen Weise gefeiert, sondern der Adonismythos selbst bot der Kunst einen herrlichen und poetischen
Gegenstand dar. Wir kennen die Namen zunächst vieler
Dichter und Dichterinnen, welche und gewiſs in einer
ihres Rufes würdigen Weise die Adonisklage lyrisch und
dramatisch behandelt haben,[33] unter ihnen auch die liebe-

glühende Sappho, welche ja ein ähnliches trauriges Ge-
schick zu der unglücklich liebenden Göttin Aphrodite
hinziehen mußte. Drei schöne Ueberreste einer poetischen, warmen Behandlung der Adonisklage sind uns in
den Idyllen des Theocrit, Bion und Moschus erhalten; sie
sind unübertrefflich schön und mit einer dichterischen Be-
geisterung durchgeführt, der nur eine wahrhaft liebende
Seele fähig ist. „Ich Arme, so klagt die kyprische Göttin beim Bion, ich Arme, ich lebe und bin eine Göttin
und kann dir nicht nachfolgen! So nimm denn hin, Perse-
phone, meinen Gatten, denn du selbst bist mächtiger als
ich, alle Schönheit fällt dir anheim. Ja! ich bin ganz unglücklich, ich trage einen unsäglichen Kummer und ich klage
den Adonis, der mir dahinstarb, und erbebe vor dir. Du
starbst, o dreimal Holder, mir aber entfloh die Sehnsucht
wie ein Traum, und allein ist Kythereia". [34]
Der Dichter aber macht von dem schönen Vorrecht
des Poeten Gebrauch und tröstet, er selbst ein Sterblicher,
die jammernde Göttin, wobei er mit den Worten schließt:

Laß, Kythereia, den Gram, und mäßige heute den
Jammer,
Wiederum mußt du trauern und weinen im andern
Jahre.

Daß übrigens in diesen Poesien eine Naivetät herrschte,
welche ein ehrwürdiger Ueberrest der alterthümlichen Adonisklage oder des Linosliedes war und mit der orientalischen
Herkunft des Gottes ganz übereinstimmte, wenngleich sie
dem feineren Ohre der kultivirten Griechen nicht mehr als
Ausdruck reinster Natur zum Herzen sprach, dies beweisen
die uns erhaltenen Worte aus einem Gedichte der Praxilla,
welche Adonis bei seiner Ankunft in der Unterwelt aus-
sprach: „Ich habe das Schönste verlassen: Sonne, Mond
und Sterne und Aepfel und andere Früchte." Solche Naivetät in den Worten des in der Jugendblüthe verblichenen

Gottes konnte in der That nur in der Plattheit der Volks-
sprache oder im Kopfe trockner Grammatiker zur Albern-
heit werden, welche sich in einem bekannten Sprüchwort
bei den Griechen „Einfältiger als der Adonis der Praxilla"
offenbarte. [35]

Auch die bildende Kunst hat dazu beigetragen, den
Adonismythos durch Darstellungen zu verherrlichen. Die
griechischen Thongefäfse und die pompejanischen Wandge-
mälde bieten schöne Proben einer freien poetischen Auffassung des Adonismythos dar, während sich der etruskische
Künstler zum gröfsten Theil an die alterthümliche Darstellung hielt und auf Spiegeln und ähnlichen, wohl meist zu
Hochzeitsgeschenken bestimmten, Liebesgaben den Atunis
oder Atunes, wie er auf derartigen Monumenten geheifsen
ist, zu verherrlichen scheint.

Auf der beifolgenden Tafel befindet sich unter der No. 1
eine Darstellung der sogenannten Casa d'Adone zu Pompeji,
welche in Lebensgröfse der Figuren und in Farben gesehen
wird, welche ich aus dem Prachtwerke über Herculanum und
Pompeji unseres gelehrten Landsmannes Hr. Prof. Zahn
entlehnt habe. Man erblickt den Adonis in einer Felsenge-
gend, welche mit den Attributen des Todes ausgeschmückt
ist. Er ist im Schenkel verwundet; Eroten sind damit be-
schäftigt, das Blut der Wunde des leidenden Jünglings zu
stillen, während die kyprische Göttin die Schmerzensgestalt
des Adonis stützt, der in den Armen des göttlichen Wesens
seine Seele auszuathmen scheint.

Das Bild No. 2 dagegen stellt einen etruskischen Spie-
gel dar, welcher sich gegenwärtig im Pariser Cabinet des
Medailles befindet und von Herrn de Witte edirt und erläutert worden ist. Adonis ist aus der Unterwelt zur Tu-
ran, d. i. Venus zurückgekehrt, der Frühling mit seinen
Blumen und Kräutern und seinen Vöglein ist wieder da.

Eine Griechenland zwar ferner liegende aber dem

griechischen Leben ungemein nah stehende Stadt, in welcher das Fest des Adonis mit einer unbeschreiblichen Pracht
gefeiert wurde, finden wir in demjenigen Lande, welches
erst jetzt wie aus langem Traume erwachend, mit beredtem
Munde durch seine Monumente zu sprechen beginnt. Jene
Stadt ist Alexandria, jenes Land, welches ich im Sinne habe,
ist Aegypten. Die Freigebigkeit der griechischen Fürsten,
welche unter dem Namen der Ptolemäer das griechische
Element dem ägyptischen starren Geiste näher zu bringen
und das Räthsel der mehr als tausendjährigen Sphinx durch
das freie und geflügelte Wort griechischer Wissenschaften
zu lösen suchte, ich sage die Freigebigkeit jener Fürsten
feierte in Alexandrien das Fest des Adonis in einer ihrer
Macht und ihres Namens würdigen Weise. Eine mimische
lebensfrische und liebliche Idylle des Theocrit schildert unter dem Titel „die Syracusanerinnen oder die Adoniazusen“
jene Feier.[36] Zwei syracusanische Weibchen, welche sich in
Alexandrien aufhalten, zwei fröhliche Kinder des heiteren sici-
lischen Himmels, gehen in Begleitung ihrer Mägde und von
Neugierde getrieben, nach dem Pallast des Königs Ptole-
mäus, um den Adonis zu schauen, dem die Königin Arsinoë
ein herrliches Fest bereitet hat. Wie ein zahlloses Heer von
Ameisen, so wogen ungeheure Schaaren schaulustiger Menschen in den Strafsen auf und nieder, welche zum Pallast
des Königs führen. Mitten durch zieht die königliche Rei-
terei, deren muthige, bäumende Rosse den Frauen Schreck
und Angst einjagen. Je näher sie dem Schlofsplatze kom-
men, je gröfser wird die Schaar, je dichter die Menge. Ein
altes Mütterchen, das den Schauplatz verlassend seine Neugierde so eben befriedigt hat, giebt den schwatzenden schönen Kindern den guten Rath, den Versuch zu wagen, sich
durch die Menge zu drängen „denn durch den Versuch
kamen die Achäer nach Troja“ mit weiser Belehrung hin-
zufügend. Endlich gelangen sie in das Portal des Schlos-

ses und mit einem Blicke überschauen die Weibchen die herrliche Darstellung. Dem weiblichen Kennerauge fallen zunächst die herrlichen Gewebe und Teppiche in's Auge, dann der „dreimal geliebte Adonis" auf silbernem Lager. Das fröhliche Geschwätz der Frauen unterbricht ein feierlicher Gesang, aus dem ich nur die Stelle im Zusammenhang wiedergebe, welche die äußere Umgebung des Adonis beschreibt:

Neben ihm liegt, was hoch auf der Bäume Wipfel gereift ist;
Neben ihm zierliche Gärtchen, mit silberner Körbe Geflechte
Eingeschlossen, und auch im Goldkrug Syriens Salbî;
Dann noch Gebackenes auch, was in Pfannen die Frauen bereiten,
Buntes Geblüme von jeglicher Art mit glänzendem Mehle;
Was sie mit würzigem Seime gemacht und geschmeidigem Oele.
Allerlei ist da Geflügel um ihn und regsame Thiere;
Auch grünsprossende Lauben, von üppigem Dille beschattet
Sind da gebaut, und es fliegen als Knaben umher die Eroten,
So wie der Nachtigall Brut in der Bäum' Umschattungen sitzend,
Wann sie den Ausflug wagt, von Zweigen zu Zweigen dahinhüpft.
O das Ebenholz und das Gold! Wie die Adler von weißem
Elfenbein dort den Schenken empor zu Kronion erheben!
Aber auf Purpurteppichen (die noch süßer, als Schlummer
Der Milesier rühmend erhebt und der samische Bürger)
War ein anderes Lager dem schönen Adonis bereitet.
Hier ruht Kypria, dort der rosige Jüngling Adonis.

Aus dem Fortgang des Mimos ersieht man, daß Adonis an dem folgenden Tage mit dem Frühroth und in Begleitung einer zahlreichen Menschenmenge, vor allen andern aber der königlichen Festgeberin Arsinoë, aufserhalb der Stadt zu dem Meeresgestade getragen und in's Meer versenkt wurde. Die Weiber waren mit Trauergewändern ohne Gürtel bekleidet, hatten das Haar aufgelöst und sangen ein Lied, welches so anfing: „Du wandelst, holder Adonis, hier und am Acheron von den Heroen, wie sie sagen, der einzigste.“

Der Gesang endigte so:

„Sei uns gnädig, Adonis, und hold im kommenden Jahre,
Freundlich kamst du, Adonis, o kehr auch freundlich uns
wieder.“

Wurde so in der Stadt Alexanders das Fest des Adonis noch nach der griechischen Sitte gefeiert und ertönten die Gesänge, welche ihm zu Ehren aus weiblichem Munde erschollen, in den gemessenen Lauten griechischer Zunge, so war Nilaufwärts zunächst im Delta des alten Aegyptens der Name dieses Gottes ein anderer und seine Leidensgeschichte und Feier wiewohl in der Grundidee dieselbe, so doch in ihrer weiteren Ausführung eine verschiedene und dem ägyptischen Geiste angemessene. Wenn die Griechen mit ihrem angeborene Sinne für das Schöne aufser anderen Ursachen schon in der poetischen Auffassung des ganzes Festes einen hinlänglichen Grund finden konnten, den Kult des morgenländischen Adonis einzuführen, so war es in Aegypten nicht die poetische Seite dieses Mythos, sondern die Aehnlichkeit der über- und unterirdischen Natur des vergötterten Adonis mit Osiris, die gleiche Bedeutung der Kypris und Isis, der Gattin des Osiris, welche den ägyptischen Priester bewegen konnten, das Fremde den Mysterien der Isis einzuverleiben.[37] So entstand denn die Sage von der Verfolgung, dem Tode des Osiris durch eine feindliche Macht, von dem Suchen, der Auffindung und der Klage der Isis, eine Sage, die wie nachgewiesen werden kann, erst in späthistorischen Zeiten der ägyptischen Geschichte ihren Ursprung hat, und wie mit Recht vermuthet worden ist aus dem phönizischen Adonismythos hervorgegangen ist.

Osiris

Die Sage selbst lautet aber nach den Berichten der Griechen,[38] welche sie aus dem Munde ägyptischer Priester vernommen, und in genauer Uebereinstimmung mit den späteren ägyptischen heiligen Büchern und Inschriften in der Kürze so:

Als der von allen Aegyptern gemeinschaftlich und seit undenklichen Zeiten verehrte Gott Osiris, der seiner innersten Natur nach nur das Gute und Schöne ist und nichts als das Gute und Schöne will, von seinem Bruder Seti oder wie ihn die Griechen nannten Typhon jämmerlich um das Leben gebracht worden war, indem er ihn lebendig in eine Todtenlade sperrte und auf den Nil dem Meere zutrieb, da soll Isis, die zärtlich liebende Gattin und Schwester den Verstorbenen mit Leide und Jammer geklagt und in dem Aufzuge einer Trauernden aufgesucht haben. Der Sarg aber war nach Byblos gekommen, nach derselben Stadt, woselbst Adonis sein uraltes Heiligthum hat.[39] Nachdem auch Isis auf ihrer Wanderung nach dem phönizischen Lande gekommen war und den Sarg, worin Osiris verborgen, aufgefunden hatte, da salbte sie zuerst den Verstorbenen, wickelte ihn in leinene Tücher und beweinte ihn mit vielen Thränen und klagte ihn gar sehr. Sie schor sich eine ihrer Locken ab, legte Trauerkleider an, warf sich über den Sarg und schluchzte so heftig, daß von den beiden Söhnen des Königs von Byblos der jüngere gestorben sein soll. Auch Nephthys, die andere Schwester des guten Osiris nahm Theil an der Klage, denn auch sie liebte den Osiris innig. Als aber Isis zu ihrem Sohne Horus, der in Buto erzogen ward, reiste, setzte sie die Lade mit dem Osirisleibe bei Seite; Typhon in der Nacht beim Mondschein jagend, traf darauf, erkannte den Körper, riß ihn in

vierzehn Theile, und streute sie umher, so dafs Isis auf's neue
die einzelnen Körpertheile ihres Gatten aufsuchen und bestatten mufste. Zum Andenken daran wurde in den Mysterien der Isis dieses Verschwinden, das Aufsuchen, das
Finden, die Zerstückelung des Osiris und die Klage um
den Gott alljährlich gefeiert. In den Heiligthümern des
Osiris lag sein Götzenbild bestattet, dies wurde mit bittrer
Klage betrauert, wobei sich die Priester, ein bekanntes Zeichen der Trauer, den Kopf schoren, sich die Brust schlu-
gen, die Schultern und Arme zerfleischten und die alten
Narben wieder aufrissen. Wenn sie dies innerhalb gewis-
ser Tage gethan hatten, dann gaben sie vor, die Ueberreste
des vom Typhon zerstückelten Körpers des Osiris gefunden
zu haben,[40] dann war Freude und Jubel, und mit lauter
Stimme schrie das Volk: „wir haben ihn gefunden, lafst
uns fröhlich sein!"[41] So feierte der Aegypter im Anfang des
Herbstes, nachdem die Früchte eingesammelt waren, das
Verschwinden der sommerlichen Jahreszeit, unser frohes
Erntefest!

In einer milderen, ja ungemein zarten Auffassung wurde
in Rom, woselbst bekanntlich die Mysterien der Isis Eingang gefunden hatten, Osiris nicht als der durch den Tod
entrissene Gatte, nicht als Bruder, sondern als Kind der
Isis betrachtet, welches die Göttin verloren hat, und nun
wie eine liebende Mutter klagend aufsucht und dann findet.
„Isis, so erzählt Minucius Felix, beklagt, bejammert und
sucht ihr verlorenes Kind in Begleitung eines Kynoscepha-
los und kahlköpfiger Priester: und die trauernden Isisdiener
schlagen die Brust und ahmen den Schmerz der so unglücklichen Mutter nach. Bald darauf wenn das Kind gefunden
ist, freut sich Isis, frohlocken die Priester, und sie lassen
nicht ab Jahr aus Jahr ein, entweder zu verlieren, was sie
finden, oder zu finden, was sie verlieren."[42] Dieser Gedanke,
dafs die beraubte Erde sich nach ihrem frischen Blumen-

kleide so sehnt, wie eine liebende Mutter nach ihrem ver-
lorenen Kinde, ist ein ungemein das Gefühl ansprechender,
der noch dadurch in seiner lieblichen Sinnigkeit gesteigert
wird, daſs dieses verlorene Kind das einzige, der eingeborene Sohn ist, welchen die schmerzensreiche Mutter
allenthalben aufsucht. Dieselbe Auffassung, welche in Aegypten an eine Menge von Sagen geknüpft war, wie an den
Maneros, ist auch jener Zeit nicht fremd, welche in ihrer
kindlichen Naivetät aus den alttestamentlichen Büchern der
heiligen Schrift so herzlich zu uns spricht. Die Klage um
den Eingeborenen bezeichnet in diesen Schriften den Ausdruck des höchsten Schmerzes, welcher vielleicht auf alten
Liedern vom Eingebornen beruhte, die mit allen Zeichen
menschlichen Jammers recitirt wurden. So heiſst es im
Jeremia 6 Vers 26: „O Tochter meines Volkes ziehe Säcke
an und lege dich in die Asche, trage Leide wie um einen
einigen Sohn und klage wie die, so hoch betrübt sind.“
Eine Parallelstelle im Sacharja (12 v. 10) weist geradezu
auf die Adonisklage hin. „Aber über das Haus Davids, so
heiſst es daselbst, und über die Bürger zu Jerusalem will
ich ausgieſsen den Geist der Gnade und des Gebets; denn
sie werden mich ansehen, welchen jene zerstochen haben,
und werden ihn klagen, wie man klaget ein einiges Kind.
Zu der Zeit wird groſse Klage sein zu Jerusalem, wie die
war bei Hadad Rimmon im Felde Megiddo.“ — Die ge-
nannte Stadt Hadad Rimmon auf israelitischem Gebiete lautete gleich mit dem Namen des Adonis bei dem Volke der
Syrer, so daſs der Begriff des einzigen Kindes, welcher
so sinnig in der ägyptischen Auffassung der Adonisklage
hervortritt, hier geradezu mit dem Adonis zusammenschmilzt.

Eine Vergleichung dieser ägyptischen Sage, ~~die ich,
um die Grenzen der Zeit, welche diesem Vortrage gesteckt
sind, nicht zu überschreiten, nur in den gröſsten Umrissen
dargestellt habe, ich sage, eine Vergleichung~~ mit dem phö-

nizischen Mythos setzt die Beziehung beider Sagen aufser
jeden Zweifel. Isis hier, ist dort Astarte-Aphrodite, Osiris hier ist dort Adonis; der Adonis-Osiris geht eines ge-
waltsamen Todes in die Unterwelt ein, eine bittere Klage
der Gattin weint ihn in das Grab.

Ich darf ~~ferner~~ die Hoffnung hegen, durch die Darstellung des Adonisfestes bei den verschiedensten Völkern
des Alterthums, insoweit dies die erhaltenen Nachrichten
zulassen, den Beweis geliefert zu haben, dafs je nach der
verschiedenen individuellen Färbung griechischer, semitischer,
ägyptischer Nationalität im letzten Grunde die Adonismythe *Osiris-*
auf demselben Boden einer geistreichen und sinnigen Idee
haftet, welche ihren Centralpunkt in dem phönizischen
Stamme der vorderasiatischen Völkerfamilie findet. Adonis
ist die personificirte vegetabilische Natur und ihr Urgrund,
ohne welchen Wachsthum und Gedeihen undenkbar sind:
die Sonne und zwar die Sonne in den nördlichen Zeichen
des Thierkreises. [43] Das Verschwinden der Vegetation mit
dem Eintritt der winterlichen Sonne ist der Tod des Adonis, er lebt nun in der Unterwelt fort und wie Proserpina,
so weilt er die Hälfte des Jahres beim Pluto, um die andere
Hälfte auf der Oberwelt in süfser Liebe mit der Kypris,
der Astarte oder Isis d. i. der Erde, zuzubringen.

Die Gemeinschaft des einen Ursprunges, welchen der *Osiris-*
Adonismythos aufzuweisen vermag, tritt am unzweifelhafte-
sten durch dasselbe Melos des Klageliedes hervor, welches
bei den nach Character und Sitten so grundverschiedenen
Nationen in dem Theil des Festes, welcher die Klage ent-
hielt, gesungen oder recitirt ward. Schon den griechischen
Reisenden, welche aufser Hellas auch Klein- und Vorder-
Asien, so wie Aegypten kennen zu lernen Gelegenheit hatten, fiel dieses Gemeinsame auf. So berichtet Herodot, [44] der
älteste und getreue Berichterstatter über Aegypten: „Unter
andern merkwürdigen Stücken haben die Aegypter ein Lied,

so auch in dem Phönikerlande gesungen wird und in Kypros und anderswo, und heifset bei jeglichem Volke anders.
Und grade ebenso wie der Hellenen Linosgesang, also dafs
ich mich verwundere über viele andere Dinge in Aegypten-
land, vornehmlich aber darüber, woher sie den Linos haben. Sie haben ihn offenbar von jeher gesungen; und der
Linos heifst auf ägyptisch Maneros. Und die Aegypter
sagten, es wäre des ersten Königs von Aegypten einziger
Sohn gewesen und wäre frühzeitig gestorben, und da hätten ihn die Aegypter durch diesen Klagegesang geehrt
und dieses wäre ihr erstes und einziges Lied gewesen."
Wir können gegenwärtig die Bemerkung nicht verbergen,
dafs Herodot ebenso wenig wufste, dafs Maneros kein Name
einer Person, sondern eine ägyptische Liederformel sei, wie
die Griechen nicht, dafs Linos kein griechisches Wort und
nun vollends nicht der Name eines unglücklichen Sängers,
sondern vielmehr ein dem Orient und den semitischen Spra-
chen entlehnter Klágeruf sei.

Dasjenige Wort, womit die Griechen in ihren Gesän-
gen einen bittern Klageausruf bezeichnen wollten, und welches unserem deutschen Weh! Weh! oder dem Ach! Ach!
der Klage entspricht, lautete, wie im ganzen Orient und
in Aegypten Ai! Ai! In den Adonisliedern des Theocrit,
des Bion und Moschus, welche in einer poetisch freien
Weise den alterthümlichen, uns nicht mehr erhaltenen sogenannten Linosgesang auf den Tod des Adonis behandelt haben,
finden sich viele Spuren der Benutzung eines alten Liedes,
welches am meisten in der Wiederholung der klagenden Aus-
rufungen, insbesondere auch jenes Lautes Ai! hervortritt.[45]
Dafs viele unter den Griechen den morgenländischen Ursprung
jener Laute aus der überkommenen Adonisklage kannten,
beweisen vor allem die Worte des Barbaren Phryx in der
Tragödie Orest des Euripides: „einen traurigen Anfang
des Todes bezeichnend sprechen die Barbaren Ai! Ai!"[46]

Ich führe noch an, dafs der Grieche selten von einer
Blume sprechen konnte, ich meine die Hyacinthe,[47] ohne
nicht an diese schmerzlichen Buchstaben zu denken, welche
uns in ihrer widerwärtigen Umkehrung an ein eben nicht
poetisches Gebilde erinnern. Als der liebliche Jüngling Hya-
kinthos, so erzählt der Mythos, von der Scheibe des Discos ge-
troffen niedersank und die Erde sich mit seinen Blutstropfen
feuchtete „da hörte das Blut auf Blut zu sein. Eine Blume,
prächtiger als tyrischer Purpur, sproste aus dem Erdboden
empor in der Gestalt der Lilie. Apollo aber (denn dieser
bewirkte die Metamorphose) fand sich noch nicht befriedigt;
in die Blätter selbst schrieb er seine Klage hinein, Ai, Ai!
ist die Blume gezeichnet und ein todesdüsteres Schriftbild
eingeprägt."[48]   So wurde die Hyacinthe in die Zahl der
Blumen gerechnet, welche vor allen werth waren, den Tod
eines schönen Jünglings oder einer Jungfrau zu betrauern.
Wenn Moschus seinen geliebten Lehrer Bion, wie Kypris
ihren Adonis beklagt, so beginnt er mit folgender rühren-
der Anrede:

„Jammernd seufzet mit mir, ihr Thäler und du dorisches
Wasser, und ihr Bäche klaget den holdseeligen Bion!
Nun, o ihr Pflanzen, jammert und ihr Haine, nun weh-
klaget!
Ihr Blumen, nun sterbet hin mit trauernden Kronen,
Nun, ihr Rosen, nun ihr Anemonen, röthet euch voller
Leide,
Nun, Hyacinthe, stammle deine Schriftzeichen und immer
und immer
Lalle mit deinen Blättern Ai, Ai! der schöne Sänger ist
gestorben."
Wie ai einen Laut der Klagenden ausdrückte, welcher
einem Echo ähnlich von den morgenländischen Gestaden des
Mittelmeeres zu Graecia's Küsten hinüberwandelte, so noch
vielmehr das Wort ailinos, oder ailinon, mit unbestimmter En-

dung. Es war dieses Wort der Ausdruck des tiefsten, innigsten Schmerzes, und dem wilden Ruf der Freude Evoë so entgegengesetzt, wie das wehmutherregende Fest des Adonis dem bachantischen Entzücken der Orgien. Das Wort ailinos soll heißen: weh, Linos! oder ach, Linos! Und Linos, so fabelten die Griechen, war ein Sänger, der so herrlich musicirte, daß er alle darin übertraf; darob stolz sich sogar vermaß, mit dem Apoll um die Wette zu singen, von diesem aber getödtet wurde. Man zeigte sogar das Grab dieses nie dagewesenen Linos. Der Sänger liegt, so erzählt Pausanias mit großer Treuherzigkeit, bei dem Tempel des Lykischen Apoll in Argos begraben, in demselben Argos, wo derselbe Berichterstatter, wie ich hierzu bemerken muß, die Weiber in dem Tempel des Jupiter Retter um den Adonis klagend erblickte.[49] Auf dem Helikon war sein Heiligthum, wo man alljährlich sein Andenken vor dem Musenopfer feierte. Frauen und Jungfrauen beklagten ihn, und das Linoslied sang man mit leiser, gedämpfter Stimme zur Cither und hörte den wehmüthigen Gesang in der homerischen und hesiodischen Zeit gern.[50]

Die Worte ai, ai linos und Adonis sind vielleicht die einzigen, welche sich aus dem alterthümlichen Klagegesange erhielten, von welchem die Griechen uns unter dem Namen Linoslied Erwähnung gethan haben. In der That bescheidenere Ueberreste als diese eines Gesanges, der, nach dem Character des Trauerfestes zu urtheilen, einen ungemein lugubren und sentimentalen Inhalt und Melos gehabt haben muß, kann es nicht geben. Sehen wir daher, ob in Phönizien oder Aegypten andere Spuren und Ueberreste dieses Gesanges übrig geblieben sind.

Wenn man mit semitischer Zunge auf der Insel Kypros, in Palästina und in Babylon den Ruf der Klage ausstieß, so ließ die Stimme die Laute ai lanu oder ai lenu[51] erschallen, welche wörtlich nichts anderes heißen als wehe uns! oder

ach uns! Dies ist das Wort der Klage um die Todten, dies
derselbe Klagelaut, welchen Herodot an den bezeichneten Orten vernommen hatte, und welcher sicherlich im Adonisliede
gehört wurde, dieses ailenu die orientalische Mutter des griechischen Klagelautes ailinos. So schmilzt denn die Person
des griechischen Sängers Linos zu einem dürftigen persönli-
chen Pronomen lenu, uns, herab, und nur das Linoslied
hat eine Wahrheit, es ist der Klagegesang um den Adonis.

Wie der Name Linos von einem phönizischen Wehe-
rufe herstammte, so ist der Name des schönen Adonis selbst
ächt orientalischen Ursprungs. Ueberall wo die semitischen
Trauergesänge ertönten, da vernahm man in häufiger Wiederkehr das Wort adonai oder adoni, das ist verdoll-
metschet mein Herr oder mein Gebieter, womit ein
jeder Verstorbener von den Nachkommen, vor allem aber
von der eigenen Gattin angerufen ward.[52] Auch die Göttin
Astarte befolgte die Sitte ihres Landes, und adonai wird
wohl mehr als einmal das Adonislied durchzogen haben,
während der Chor der Frauen und Jungfrauen mit vollem
Rechte den göttlichen Baal, den Herren des Landes, adonai nannte. So wurde zuletzt aus dem schmückenden Bei-
wort ein beständiger Name des Gottes, wie etwa noch aus
dem Mittelalter her das deutsche: Unsere liebe Frau,
und das altfranzösische: Notre Dame und Mon Sieur
zur ehrfurchtsvollen Bezeichnung der Mutter des Heilandes
und ihres göttlichen Sohnes.[53]

Es läfst sich denken, und ich selbst glaube dies im
Anfange meines Vortrages angemerkt zu haben, dafs der
Trauergesang, welchen der Frauen und Jungfrauen Chor
an dem Feste des Adonis anstimmte, nicht gerade zu
dieser Feier aufgespart war, sondern der landesübliche,
einfache Todtengesang war, so wie das Fest eine pomphafte
Nachahmung einer gewöhnlichen Todtenbestattung. Recht
deutlich wird dies aus der eigenthümlichen, aber vom Phö-

nizischen gewifs in nichts verschiedenen Sitte der Hebräer
dem Todten mit gewissen Leidformeln ins Grab nachzurufen.
Im alten Testamente sind uns mehrere Beispiele solcher alterthümlichen Formeln als auf bekannter Sitte ruhend erhalten, die vollkommen auf gleicher Stufe mit dem phönizischen ailenu, weh uns, und adonai, mein Herr, stehen,
und gar wohl geeignet sind, in einer der einfachen Poesie
angemessenen Weise ihre gebührende Stelle in einem Klageliede einzunehmen. Aus der Menge der Beispiele führe ich
nur zwei an, zunächst eine Stelle des Propheten Jeremia:[54]
„Darum spricht der Herr von Jojakim, dem Sohne Josia,
dem Könige Juda: man wird ihn nicht klagen: Ach Bruder!
Ach Schwester! Man wird ihn nicht klagen: Ach Herr!
Ach Edler!" Hierzu vergleiche man noch 1. B. d. Könige 15
V. 30: „Und er legte den Leichnam in sein Grab, und sie
klagten ihn: Ach Bruder!"

Wenn Herodot in seinem Bericht über die weite Ver-
breitung des Linosliedes die bescheidene Bemerkung aus-
spricht; er wisse nicht, woher die Aegypter den Linosgesang haben, und das errege seine Verwunderung, woher sie
ihn haben; so ist Pausanias, rühmlichst bekannt durch seine
Beschreibung Griechenlands, in dieser Beziehung weniger
zurückhaltend. „Die Trauer um den Tod des Linos, so
erzählt er, kam auch zu den Barbaren, nämlich das Gedicht
Linos ist bei den Aegyptern aufgenommen."[55] Ich citire
diese Stelle nicht, um Pausanias zu tadeln, dem ja wie vielen andern seiner Landsleute die Herkunft des Linos-Sanges
verborgen war, sondern um hervorzuheben, dafs die Aegypter in der That ein Klagelied seit alter Zeit besitzen mufs-
ten, gleichen Inhaltes und gleicher Melodie, wie der phönizische, der kyprische und der griechische Sang. — In den
heiligen Schriften der Aegypter, soweit deren Inhalt uns
bis gegenwärtig zugänglich geworden ist, wird öfters einer
Nacht Erwähnung gethan, in welcher Isis und Nephthys

den Bruder geklagt haben,[56] und Darstellungen der klagenden Göttinnen ~~(wie die auf der Tafel unter No. 3 und 4)~~ gehören zu den häufigsten in den altägyptischen Leichenrollen. Eine solche Klage würde voraussetzlich desselben Inhaltes sein, als das Lied der Kypris auf den Adonis und der Astarte auf den Baal. Aber ist das Schicksal so gnädig gewesen, fragen wir, eine Osiris-Linosklage der Nachwelt erhalten zu haben, aus welcher uns das beste Urtheil zuständte über den Inhalt und die Form der Todtenklage bei den Aegyptern und allen den Völkern, zu denen von Phönizien aus das Adonisfest einen Eingang fand? Ich freue mich von Herzen, diese Frage bejahen zu dürfen. Ein solches Lied ist vorhanden „eine Wehklage der Isis", welche sich auf einem Leichenpapyrus im Besitze des hiesigen Königlichen Museum ägyptischer Alterthümer befindet und das bis auf diesen Augenblick, in welchem ich im Begriff bin es bekannt zu machen, verborgen war. Dieser Todtenpapyrus*) bietet bei einer Länge von etwas mehr als sechszehntehalb Fuß und bei einer Höhe von einem Fuß und zwei Zoll ausnahmsweise eine doppelte Schriftart dar. Mehrere Abtheilungen hieroglyphischer Verticalcolumnen, welche durch vielfache, bunt ausgemalte Darstellungen erläutert sind, und fünf Seiten eines mit starker Dinte geschriebenen hieratischen Textes, unter welchem sich die Bilder der Isis, der Nephthys und andern Gottheiten der ägyptischen Mythologie bemerkbar machen, füllen die Rolle aus. Der hieroglyphische Abschnitt enthält einige „Pforten und Bücher" aus dem bekannten Todtenrituale der alten Aegypter. Die Rolle selbst gehörte einer thebanischen Dame (N a i oder N a i n a i mit dem Beinamen Tarot) an, denn in dem heutigen Gournah, also in den

---

*) Er rührt aus der früheren Sammlung des Herrn Passalacqua, des gegenwärtigen Directors der ägyptischen Sammlung im Königlichen Museum her.

Ruinen des alten Thebens, wurde dieselbe zusammengerollt
und verborgen im Innern einer Statue des Osiris mit Krone
in einer Grabkammer aufgefunden. Der für mich hier wich-
tige hieratische Text enthält eine allgemeine Ueberschrift
für die verschiedenen Abschnitte, welche später folgen, so
lautend: die Verherrlichungen des Osiris durch
seine Schwestern Isis und Nephthys. Die ersten
Abschnitte sind es nun vorzüglich, welche jene Todtenklage
der Isis (und auch der Nephthys) auf den Osiris enthalten,
wozu ich mir als vorangehende Erläuterung die Bemerkung
erlaube, dafs jeder, wie wir sagen würden, seelig Verstor-
bene den Namen eines Osiris erhielt, ähnlich wie in Athen
bisweilen den Todten der Beiname: der demetrische gegeben wurde. Und dieser Beiname, welchen auch die ägyptische Dame Nainai unseres Papyrus erhielt, ist nicht ohne
eine tiefe Wahrheit verliehen, welche dem geweihten Ohre
in den Mysterien der Isis offenbart wurde. Wie Osiris und
Adonis in dem Kreislauf des Jahres die eine Hälfte desselben auf der Oberwelt weilt, dann aber zur Herbstzeit stirbt
und einen gleichen Zeitraum in der Unterwelt zubringt, um
aufs Neue wiedergeboren zu werden, um den ewigen Kreislauf der Geburt und des Todes zu vollenden: so mufs auch
der Mensch jene untere Region mit dem Gotte durchwan-
dern, um auf's neue zu erstehen und ein neues Leben zu
beginnen, so ist er also selbst ein Osiris.

Ich gebe das Klagelied der Isis, oder wie es auf ägyptisch heifst ai en Ise in einer wörtlichen Uebersetzung,
die ich als eine sichere bezeichnen darf, da der ganze Text
fast nur aus bekannten hieratischen Gruppen und Zeichen
besteht:

Kehre wieder, kehre wieder, Gott Panu! Kehre
wieder! Denn die, welche dir | feindlich waren,
sind nicht (mehr) da. Ach, schöner Helfer, kehre
wieder, damit du mich schauest | deine Schwe-

ster, die dich liebet, und nicht nahest du mir?
Ach! schöner Jüngling | kehre wieder, kehre wie-
der. Nicht sehe ich dich, mein Herz ist betrübt
um dich | meine Augen suchen dich. Ich irre(?) um-
her nach dir, um dich zu schauen in der Gestalt
der Nai | um dich zu schauen, dich zu schauen,
du schöner Gebieter, in der Gestalt der Nai; um
dich zu schauen | die strahlende; um dich zu
schauen, dich zu schauen, Gott Panu, den strah-
lenden. Komme zu deiner Geliebten | seeliger
Onnophris, komme zu deiner Schwester, komme
zu deinem Weibe | (*bis*) Gott Urtuhet, komme
zu deiner Hausfrau | . Ich bin ja deine Schwe-
ster, ich bin deine Mutter | und nicht nahest du
mir, das Antlitz der Götter und der Menschen-
kinder ist dir zugewendet, indem sie dich bewei-
nen | zu einer Zeit, da sie mich sehen, wie ich
klage um deinetwillen | wie ich weine und gen
Himmel schreie, auf dafs du hörest mein Flehen,
denn ich | bin deine Schwester, welche dich
liebte auf Erden. Nie liebtest du eine andere
als mich deine Schwester (*bis*)! ||

Dieser in den einfachsten aber herzinnigsten Worten
ausgedrückten Klage der Isis-Aphrodite um den gestorbenen Osiris-Adonis schliefst sich das Klagelied der
Nephthys, ai an Newthi der anderen Schwester des
Osiris an, welches an Innigkeit dem ersteren in Nichts
nachsteht. Die Göttin spricht also:

Ach, herrlicher König | kehre wieder, es sei
fröhlich dein Herz, denn alle die dich verfolgten
sind nimmer da | deine Schwestern stehen an
deiner Todtenbahre | klagen deiner und vergie-
fsen Thränen. Man wendet(?) dich um auf der
Todtenbahre | damit du schauen mögest ihre

Schönheit. Sprich doch mit uns | König und un-
ser Herr || .[57]

In den vorgetragenen Stücken wird man die häufige
Wiederkehr und Wiederholung der Worte kehre wieder bemerkt haben, welche auf ägyptisch mââ-er-hra
oder wie aus einigen andern Stellen hervorgeht mââ-ne-
hra lauten und wörtlich: komme nach dem Hause,
bedeuten. Dieses mâânehra ist der Ursprung jenes
Klagegesangs Maneros der Aegypter, welcher nach Herodots Versicherung das einzige dem Linos entsprechende
Lied in Aegypten war, worin das eingeborene Königskind
in Aegypten betrauert ward. Jener Jüngling ist aber, wie
wir jetzt gesehen haben, kein anderer als Osiris, und jene
Worte maneros nicht der Name des Königskindes, sondern der Refrain des Liedes kehre wieder, kehre wieder! Und so hat denn unter den wenigen Schriftstellern,
welche von diesem ägyptischen Gesang geschrieben, der
einzige Plutarch Recht, wenn er in diesen Worten nach
der Meinung einiger, nicht einen Namen, sondern eine ge-
läufige Redensart der Aegypter erkennt, etwa wie: „möge
es wohl bekommen!"[58] worin der Begriff des kommens, freilich in einer etwas andern Auffassung, aber doch so klar
hervortritt, um die Gemeinschaft beider Formeln durchzu-
sehen.

Demselben Plutarch verdanken wir die höchst eigenthümliche Nachricht, daſs die Aegypter bei ihren Gastmäh-
lern den Maneros singen, eine Sitte die allerdings höchst
schlecht zu den frohen Scherzen eines Gastmahles paſst,
wenn wir den Inhalt des Maneros als die Klage um einen
geliebten Todten bezeichnet haben. Fügt aber doch derselbe Schriftsteller gleich darauf hinzu, daſs die Aegypter bei
Tische sogar ein Todtenbild in einem Kästchen vorzeigen
und herumtragen, nicht zur Erinnerung an die Leidensgeschichte des Osiris, wie einige annehmen, sondern um sich

beim Weine dadurch zum Gebrauch und Genufs des Vor-
handenen zu ermuntern, weil sie alle sehr bald dem Bilde
gleich sein würden.[59] Der Gebrauch, ein derartiges memento
mori bei Tische und beim heiteren Gelage den frohen Gä-
sten als Mittel zur Steigerung des Frohsinnes zu zeigen,
ist übrigens rein ägyptisch und vollständig mit einer Aeufse-
rung Herodots über denselben Gegenstand im Einklang. Auch
er hatte diesen gesellschaftlichen Brauch bemerkt. „Bei den
Gastgeboten ihrer Reichen, so erzählt er,[60] trägt ein Mann,
wenn sie abgegessen haben, in einem Sarg ein hölzernes Todtenbild herum; das ist sehr natürlich gemalt und gearbeitet,
und ist gewöhnlich eine Elle grofs oder auch zwo Ellen und
zeigt es einem jeglichen der Gäste und spricht: Betrachte diesen, und dann trink und sei fröhlich, denn wenn du todt bist,
so wirst du sein gleich wie dieser. Also thun sie bei ihren
Gastgelagen.“ Etwas ähnliches findet sich bei den Juden, wiewohl ich nicht glaube, dafs die bis auf diesen Tag noch her-
schende Sitte frommer, jüdischer Familien, an dem frohen
Feste des Passah den Hausvater in seinem künftigen Todten-
gewande erscheinen zu lassen, darauf berechnet sein soll, als
Mittel zur Erhöhung des Frohsinns zu dienen. Sicher ver-
bürgt aber ist die ähnliche Sitte der Römer und ihre Deu-
tung, wonach man ein Geripp e, Larva genannt, bei feier-
lichen Gastmahlen mit auf die Tafel brachte, um zu einem
desto eilfertigeren Genufs des Lebens zu ermuntern.[61]

So hat uns denn der schöne Mythos vom Adonis von
den Höhen des Olympos, wo in ewiger Jugendschönheit die
holde Kypris thront, durch Athens glorreiche Stadt über
die Venusinsel hinweg zu den duftenden Waldungen des
Libanon, wo dem herrlichen Jünglinge zuerst phönizische
Weiber den Klaggesang anstimmten, bis hinab gen Aegypten zu den Trinkgelagen edler ägyptischer Männer geführt
und zwei sinnige Gedanken waren die Leitsterne unserer
Wanderung. Ich kann den einen, den menschlichen, nicht

besser als mit den Worten Schiller's in dem bekannten
Klageliede ausdrücken:

> Das süfseste Glück für die trauernde Brust
> Nach der schönen Liebe verschwundener Lust
> Sind der Liebe Schmerzen und Klage.

Der andere Gedanke aber ist ein göttlicher, ein erhe-
bender, es ist der Gedanke eigener Unsterblichkeit, welche
in dem Wechsel der Natur ihr treues Symbol findet, und
welchen die Alten in so sinniger Weise in das schöne Ge-
wand eines gehaltvollen Mythos kleideten. Es ist der Gedanke, welchen dieselbe dichterische Geisterstimme uns in
den Versen zuruft:

> Wort gehalten wird in jenen Räumen,
> Jedem schönen, gläubigen Gefühl.
> Wage du zu irren und zu träumen:
> Hoher Sinn liegt oft in kind'schem Spiel.

Anmerkungen.

Folgende Bemerkungen sollen nur den Zweck haben, für einzelne auffallende oder an sich vielleicht unklare Ausdrücke im Text kurze Erläuterungen zu liefern und bei wörtlich citirten Stellen die Quellen genauer zu bezeichnen. Als ergiebige Fundgruben für meine Arbeit nenne ich mit Dank: F. Creuzer's Symbolik und Mythologie der alten Völker besonders der Griechen. Thl. 2. Lpz. 1841 und Movers, die Phönizier Bd. 1. Bonn 1841.

[1] (S. 1.) In der Leipziger Ausg. von G. E. Lessings gesammelten Werken, 1841. Bd. VI. S. 10 oben.

[2] (S. 2.) Ueber die Verschiedenheit der Jahreszeit, in welcher das Adonisfest gefeiert wurde, vergl. besonders Movers in dem obenangeführten Werke S. 205 ff. In den Frühling fiel z. B. die Feier zu Athen (s. Plutarch Nik. c. 13 u. Alkibiad. c. 18).

[3] (S. 2.) Wie z. B. in Syrien, wo im Spätherbste das Fest gefeiert wurde.

[4] (S. 2.) Genaueres wissen wir nur von dem Feste zu Byblos, Antiochia am Orontes, Alexandrien und Athen. Auch in den kleinasiatischen Städten wurde das Adonisfest mit großer Pracht gefeiert.

[5] (S. 2.) S. Lucian de Syria dea p. 89 ed. Bipont, wo die Bewohner von Byblos behaupten, daß sich dies in ihrer Gegend zugetragen habe.

[6] (S. 2.) Wie in Aegypten, worüber weiter unten.

[7] (S. 3.) Psalm 103 V. 15, 16.

[8] (S. 3.) 1. Epist. Petri 1 V. 24.

[9] (S. 3.) Ich glaube mit Herrn Professor Movers, daß der Adonismythos in Vorderasien seine Wiege habe und theile daher nicht die Meinung des Herrn de Sacy (zu St. Croix recherches sur les mystères du Paganisme tom. II. p. 101. S. auch Creuzer's Symbolik S. 417 ff), welcher ihn ägyptischen Ursprungs sein läßt. Schon die Alten waren über den Ursprung ungewiß; als ägyptisch bezeichnet den Mythos vor allen Stephanus von Byzanz s. v. Ἀμαθοῦς, woselbst Adonis Osiris verehrt wurde,

den sich, obwohl ägyptischen Ursprungs, die Kyprer und Phönizier zu eigen gemacht hätten. Vielnamig habe ich den Gott genannt, weil er in der That eine große Zahl von Namen bei verschiedenen Völkern führte. Die Lakonier riefen ihn *Κίρις* oder *Κύρις*, die alten Dorier *Ἀώ* (von *Ἀὼς* Frühroth), auch *Γίγγρας* von der phönizischen Trauerflöte gl. N.; bei den Pergäern in Pamphilien hieß er mit dem Namen der syrischen Flöte *Ἀβωβάς*, die Syrer nannten ihn Hadadrimmon, welches die LXX *κοπετὸς ῥοῶνος* Klage um den Granatapfelgarten erklärt u. s. f. Näheres über diese und andere Namen wird man bei Creuzer und Movers finden.

¹⁰ (S. 3.) *Ἀδώνιδος ἱερά* (Strabo XVI. 2).

¹¹ (S. 3.) Lucian. de Syria dea § 6: *Εἶδον δὲ καὶ ἐν Βύβλῳ μέγα ἱρὸν Ἀφροδίτης Βυβλίης, ἐν τῷ καὶ τὰ ὄργια ἐς Ἄδωνιν ἐπιτελέουσι.*

¹² (S. 3.) Cicero de nat. deor. III. c. 23 sagt: Quarta (Venus) Syria Tyroque concepta, quae Astarte vocatur quam Adonidi nupsisse proditum est.

¹³ (S. 3.) Aur. Macrobii Saturnall. lib. I. c. 21.

¹⁴ (S. 3.) Lucian. de Syria dea § 8. Man erkennt den alten Adonisfluß in dem heutigen Nahr Ibrahim wieder.

¹⁵ (S. 4.) *ἀφανισμός.*

¹⁶ (S. 4.)   *ἁ δ' Ἀφροδίτα,*
Λυσαμένα πλοκαμῖδας, ἀνὰ δρυμὼς ἀλάληται
Πενθαλέα, νήπλεκτος, ἀσάνδαλος· αἱ δὲ βάτοι νιν
Ἐρχομέναν κείροντι, καὶ ἱερὸν αἷμα δρέπονται·
Ὀξὺ δὲ κωκύουσα δι' ἄγκεα μακρὰ φορεῖται,
Ἀσσύριον βοόωσα πόσιν, καὶ παῖδα καλεῦσα.

So läßt Bion in seinem Grabliede auf Adonis (v. 19—24) die trauernde Göttin den gestorbenen Jüngling aufsuchen.

¹⁷ (S. 4.) Vergl. Suidas s. v. *Ἀδωνία.*

¹⁸ (S. 4.) Vergl. Creuzer S. 481 Anm.

¹⁹ (S. 4.) Ueber diese Adonisgärtchen *Ἀδώνιδος κῆποι* wird man mannigfache Notizen finden. Zunächst s. Suidas. Bekannt ist ferner die Hauptstelle im Platonischen Phädros 276 B.

²⁰ (S. 4.) Man hat behaupten wollen (wie Dureau de Lamalle) vorzüglich gestützt auf die Adonisgärtchen, daß die Alten das Mittel, das Wachsthum der Pflanzen durch Düngen zu befördern, gekannt hätten. Alexander von Humboldt hat es (im Kosmos S. 131) für unwahrscheinlich erklärt, daß die Alten künst-

liche Mittel zur Beschleunigung des Wachsthums gekannt ha-
ben, indem die Anlage eigentlicher Treibhäuser in unseren bo-
tanischen Gärten viel neuer sei, als man gewöhnlich glaubt.
Noch neuerdings hat Raoul Rochette in einer Abhandlung die
Ansicht Humboldt's vertheidigt, vorzüglich in Bezug auf die
Adonisgärten.

²¹ (S. 4.) Der Lattich θρίδαξ, θριδακίνη, lactuca sativa
spielt eine Hauptrolle bei den Adonien. Athenaeus nach Ni-
kandros aus Kolophon erzählt (epit. lib. II. LXXX), dafs Adonis in den Lattich flüchtend von dem Eber tödtlich verwundet
worden sei. Nach Kallimachos (ibid.) habe Aphrodite den
Adonis in Lattich versteckt oder wie die alte Sage lautet, auf diesen den gestorbenen Adonis gelegt, so dafs er seitdem eine Speise
der Todten — νεκύων βρῶμα — ist. Vergl. auch Plinius h. n.
XIX, 8. 38. Der Lattich, welcher von den Kyprern βρένϑις oder
(wie Hesychius den Namen der Pflanze schreibt) βρένϑιξ genannt
wurde, hatte aufserdem die besondere Eigenschaft, den Männern
die vim genitalem zu nehmen, worüber man beim Athenaeus
l. l. Näheres finden wird.

²² (S. 4.) Vgl. Suidas s. v. Ἀδώνιδος κῆποι: χρῶνται δ'
ἐπὶ τῶν ἐπιπολαίων καὶ κούφων τῇ παροιμίᾳ — und derselbe s.
v. Ἀδώνιδος κῆπος: ἐπὶ τῶν ἀώρων καὶ ὀλιγοχρονίων καὶ μὴ
ἐριζομένων. Schön ist der treffende Gegensatz, welchen Böckh
im Kosmos l. l. aufstellt. „Wie wir von Treibhauspflanzen
reden im Gegensatz des Naturwüchsigen, so haben die Alten
oft sprüchwörtlich das Wort Adonisgarten gebraucht, um damit schnell Entsprossenes, aber nicht zu tüchtiger Reife und
Dauer gediehenes zu bezeichnen."

²³ (S. 4.) Dieselbe Feier fand auch Statt, natürlich mutatis
mutandis, bei der Leichenbestattung früh verstorbener und ausge-
zeichneter Jünglinge. Ammianus Marcellinus (XIX, 1) schildert in dem Leichenbegängnifs eines orientalischen Königssohnes,
welcher schön und jung in der Schlacht eine frühe Beute des
Todes geworden war, eigentlich nur die Leichenklage um den
Adonis. „Der edle und geliebte Jüngling wurde nach dem Brauche
seiner Nation betrauert. In seiner gewöhnlichen Waffenbekleidung
wurde er emporgehoben und auf ein breites und hohes Trauergerüst
gelegt; um ihn herum wurden zehn Sänften ausgebreitet, auf welchen künstliche Todtenbilder lagen, die so sorgfältig gesalbt waren, dafs ihre Gestalten schon beerdigten Menschen ähnelten. Und

hielt (1. Mos. 50, 10), wozu man vergleiche Sirach 22, 13: „Sieben Tage trauert man um einen Todten, aber um einen Narren und Gottlosen ihr Lebenlang."

²⁶ (S. 5.) Lucian. de Syria dea § 6, so verstehe ich die Stelle mit Movers S. 205.

²⁷ (S. 5.) Der Monat תמוז so wie alle (neueren) jüdischen Monate sind chaldäisch und rühren aus den Zeiten der babylonischen Gefangenschaft her, was in der That um so weniger Zweifel leidet, da sie mit den national-syrischen Monaten übereinstimmen. S. Ideler Chronologie der alten Völker S. 430 und S. 509.

²⁹ (S. 6.) Baruch 6, 31.

³⁰ (S. 6.) S. Stephan. Byz. s. v. Ἀμαϑοῦς und Pausanias IX. 41. 2.

³¹ (S. 6.) S. Creuzer S. 479.

³² (S. 6.) Nämlich im Munychion oder Thargelion zur Zeit des Neumondes, wann das Meer wieder offen war. Vergl. Plut. Nik. c. 13 und Alkibiad c. 18.

³³ (S. 6.) Vergl. Creuzer S. 475 u. 477 unten.

³⁴ (S. 7.) Bion, erstes Eidyllion v. 51 bis 58.

³⁵ (S. 8.) S. Creuzer S. 477 Anm.

³⁶ (S. 9.) Fünfzehntes Eidyllion. Wo ich die Verse in deutscher metrischer Uebersetzung anführe, sind sie nach W. R. Naumann's Theocritos, Bion und Moschus, Prenzl. 1828, 4° gegeben.

³⁷ (S. 11.) Zunächst sind eine Menge von Zeugnissen der Alten vorhanden, wonach Osiris und Adonis ein und dieselbe Gottheit sein soll. Schon oben führte ich eine Stelle an, wonach auf Kypros Adonis als Osiris verehrt und seine Herkunft als ägyptisch bezeichnet wird. Zu dieser füge ich noch folgende hinzu. Damasc. beim Suidas (v. Ἡραΐσκος) berichtet, die Alexandriner haben den Osiris und Adonis in einem Idole zugleich angebetet, nach einer mystischen Vereinigung beider Wesen. Macrobius Sat. I, 31 stellt sich unter Osiris nur den ägyptischen Adonis vor, und in Byblos behauptete man nach Lucian. (de Syria dea § 7) das Grab des Osiris wiedergefunden zu haben. Man wird weiter unten Gelegenheit haben zu sehen, wie Phönizien und Aegypten durch die Adonisfeier in die unmittelbarste Berührung gerathen.

[38] (S. 12.) Hauptquellen für die Osirissage sind bekanntlich Herodot, Diodor und Plutarch (de Iside et Osiride).

[39] (S. 12.) Von Byblos her muſs sich Isis den todten Gatten holen. Movers (S. 237) erblickt mit Recht hierin eine mythische Darstellung der Uebertragung der Adonien von Byblos nach Alexandrien und Aegypten. Merkwürdig ist die Geschichte mit dem Bybloskopfe, welcher alljährlich von Aegypten nach Byblos kommt, und zwar in sieben Tagen die dazwischen liegende See durchschifft, ohne anderswohin als nach Byblos zu gelangen (s. Lucian. de Syria dea § 7). Vergl. auch die etwas abweichende Erzählung der Alexandriner, welche sich bei einigen Kirchenvätern findet, bei Movers l. l.

[40] (S. 13.) S. Jul. Firmicus de errore profanarum religionum pag. 5 ed. Wower.'

[41] (S. 13.) Der Scholiast zu Juvenal. Sat. VIII. bemerkt zu den Worten: „exclamare libet, populus quod clamat Osiri Invento" — Populus invento Osiri dixit: εἰρήκαμεν συγχαίρομεν. Dies rief man bei den Mysterien der Isis aus. Dieselben Worte finden sich übrigens bei Jul. Firmic. pag. 8 ad Wower.

[42] (S. 13.) Min. Felix Octav. c. 21. Vergleiche auch C. Reichel de Isidis apud Romanos cultu. Berolini 1849. p. 64ff.

[43] (S. 15.) Vergl. besonders Marcellinus Sat. I, 21. und Jul. Firmicus l. l.

[44] (S. 15.) Herodot lib II. c. 79. Die Stelle ist aus der vortrefflichen Uebersetzung der Geschichten aus dem Herodot von Fr. Lange (S. 64 der neuesten ed.) gegeben.

[45] (S. 16.) Vergl. z. B. in dem Grablied des Adonis von Bion die häufige Wiederholung der Worte:

Αἰάζω τὸν Ἄδωνιν· ἐπαιάζουσιν Ἔρωτες

oder: Αἴ αἴ τὰν Κυθέρειαν, ἀπώλετο καλὸς Ἄδωνις.

[46] (S. 16.) V. 1397: Αἴλινον ἄρχαν θάνατον

Βάρβαροι λέγουσιν αἴ αἴ.

[47] (S. 17.) Die Adern auf den Blättern der Hyacinthe (gladiolus communis?) liefen nach der Beschreibung, welche Plinius giebt, so auseinander, daſs man darin die Zeichnung der griechischen Buchstaben *AI* las. Uebrigens war diese Blume schwarz oder doch sehr dunkel, denn so bezeichnet sie der zärtliche Hirt Battos in der 10. Idylle des Theokrit, wenn er von seiner geliebten Schäferin singt: „Denn sie nennen dich alle eine Syrerin, schmächtig, von der Sonne verbrannt, ich allein (nenne dich) eine Brü-

nette. Auch die Viole ist schwarz und die gezeichnete Hyacinthe, und doch werden sie zu den Kränzen vor allen auserlesen."

Nach einer andern Sage war dieselbe Blume (S. Ovid Met. XIII. v. 394ff.) oder eine ihr ähnliche auf der Insel Salamis (Paus. I. 35) aus den Blutstropfen des gestorbenen Helden Ajax (Ai-ax) entstanden.

⁴⁸ (S. 17.) S. Ovid Metamorph. X, v. 210 seq.

⁴⁹ (S. 18) S. Pausan. II, 19 § 7, IX, 29 § 3. Eustath. 1163, 54ff.

⁵⁰ (S. 18.) Vergl. im allgemeinen: E. Jacobi Handwörterbuch der griechischen und römischen Mythologie Leipz. 1847, wo die Capitalstellen der Alten citirt sind. Von diesem Klageliede ist eine ᾠδὴ ἔλινος (andere Mss. haben αἴλινος) zu unterscheiden, welche fröhlichen Inhaltes und ein Weberlied war. S. Athenaeus lib. XIV, 10.

⁵¹ (S. 18.) אי לנו S. Movers S. 246ff.

⁵² (S. 19.) אדני S. Movers S. 194fl. und Creuzer S. 421.

⁵³ (S. 19.) S. Gesenii script. linguaeq. Phoenic. monumm. p. 400, womit zu vergl. Creuzer S. 418.

⁵⁴ (S. 20.) Jer. 22 V. 18.

⁵⁵ (S. 20.) Paus. IX, 29 § 3.

⁵⁶ (S. 21.) So z. B. in dem, den Gelehrten zugänglicher gewordenen Leichenritual der alten Aegypter.

⁵⁷ (S. 24.) Hiermit endet übrigens der Text nicht, sondern spinnt sich noch fort, aber von nun weitläuftig und mit astronomischen Andeutungen durchwebt. Ich breche jedoch hier ab, um nicht das Unverständliche mit dem Verständlichen zu vermischen.

⁵⁸ (S. 24.) Plut. de Iside et Od. c. 17 p. 28. ed. Parthey. Jene Formel mââ-en (oder er)-hra, kehre wieder, würde koptisch ⲁⲙⲟⲩⲙⲡⲏⲓ oder ⲁⲙⲟⲩⲉⲡⲏⲓ lauten. Sollte übrigens das vollständigere koptische: ⲁⲙⲟⲩⲉϩⲣⲁⲓ, ⲁⲙⲟⲩⲛⲉϩⲣⲁⲓ veni, adscende, ἔρχου, nicht dieselbe Redensart sein? Das griechische Μανερως ist nach dem ägyptischen so zu zergliedern: μα-ν-ἐρω-ς oder μα-νε-ρω-ς.

⁵⁹ (S. 25.) Plut. l. l.

⁶⁰ (S. 25.) Herod. lib. II. c. 78. Bei Lange S. 64.

⁶¹ (S. 25.) Vergl. Lessing, Wie die Alten den Tod gebildet. Bd. V. S. 314ff. der Leipziger Ausgabe.